Del tiempo, un paso

VIII PREMIO INTERNACIONAL DE POESÍA CÉSAR SIMÓN

© *Lauren Mendinueta, 2024*

© Ilustración de cubierta: *Breza Cecchini Riu*, 2024
Camino rojo (Óleo y pan de oro sobre lienzo, 2016-2017)
© Prólogo: *Nuno Júdice,* 2024

© *Editorial Difícil, 2024*
editorial.difacil@gmail.com
www.difacil.com
ISBN: 978-84-10363-02-1
Depósito Legal: VA 469-2024.

Imprime: Máxtor Gráficas

Impreso en España

LAUREN MENDINUETA

Del tiempo, un paso

Prólogo de Nuno Júdice

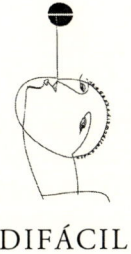

DIFÁCIL

LA POESÍA AL REENCUENTRO DEL TIEMPO

por Nuno Júdice

Si escribir es una lucha contra el tiempo, escribir poesía puede ser también una lucha más allá del tiempo. Me refiero al anhelo de detener el tiempo inexorable, capturar su paso en el espacio intemporal del poema, y encontrar en él, como en un espejo paralelo, las dimensiones de un infinito cuyo fin es inalcanzable.

En cierto modo, es esto lo que nos brinda la poesía de Lauren Mendinueta, *Del tiempo, un paso*, en su construcción hexagonal.

El libro contiene seis caras, cada una de ellas con una línea temática específica, y una lógica constructiva, y también narrativa, que en cierta forma corresponde al origen de la poesía: un camino de iniciación que comienza con la infancia. En «Deseo de nada», encontramos un retorno a la memoria de ese tiempo infantil, cuya mirada captura los gestos y los escenarios familiares en los que se va desarrollando la poeta, desde la lectura de los cuentos populares, con su mundo no siempre reconfortante, hasta episodios de su historia personal, como el asesinato del abuelo Antonio de un disparo que no le estaba destinado. Sin duda estamos aquí ante uno de los más bellos poemas sobre la memoria y su desvanecimiento, que describe el contraste entre el olvido material de los muertos, representado en el abandono de sus tumbas, y la fuerza que va adquiriendo la imagen de la persona difunta, incluso lejos del recuerdo de una vivencia real, en el plano de lo imaginario.

Esa oposición entre el tiempo pasado y el presente, donde el pasado tiene características de un paraíso perdido con todo lo que envuelve la memoria de la infancia, plantea una duda sobre el presente: «La vida puede no estar aquí». Pero esta idea de la ausencia de la vida, que ocurre por el hecho de crecer y alejarse de aquel paraíso perdido, hará que la poeta se aparte de la niña, hasta el punto de alcanzar una disociación, para dirigirse a ella como si ella fuera otra, adoptando la posición de la mujer del cuadro de Edward Hopper en *Interior veraniego* (1909). En este poema, «un poco curva», ensimismada, aquella otra mujer que la refleja y que es ella misma, empieza a descubrir, en un sentido interrogativo, que la fuga hacia esos *yoes*, que consumen su identidad, la ayudará a descubrirse en el absoluto de su madurez; es lo que ocurre cuando el amor aparece como un posible exorcismo liberador de esos desdoblamientos que conducen al vacío.

El condicional de «Si fuera posible, el amor», es sin embargo un impositivo para que la afirmación pueda acontecer. Los poemas de amor de esta tercera cara del hexágono son a la vez una catarsis y un redescubrimiento del otro yo que se alejó del ser de la infancia, preso aún en un espacio que se pierde en el paso del tiempo. Quedó atrás el mundo infantil, ahora limitado a recuerdos que han dejado de oprimir, donde lo importante es la dimensión poética que les confiere una memoria que ya no está amarrada a la nostalgia del pasado. Ahora puede tener lugar la apropiación del presente; y surgirán al mismo tiempo, en los próximos tres apartados que completan el hexágono que configura el libro, los capítulos alusivos a dos lugares donde la vida completa una trilogía espacial con la Colombia de su infancia, Lisboa y Grecia: el primero como puerto fundacional de un personaje que encuentra allí lo cotidiano, a veces confundido con lo cotidiano de Pessoa, aquel tú, que también es objeto de amor en el capítulo que cierra la primera trilogía; y Grecia, donde se refleja el rostro de la propia poeta, lo que terminará explicándose en el tono múltiple y elegíaco del libro.

Y llegamos al último capítulo, «Estantigua», cerrando el hexágono en un tono que abandona el diálogo con el otro / los otros, y ahora se dirige a ella misma, a Lauren, la poeta. Es una conclusión que proporciona al libro una lógica perfecta, y al mismo tiempo nos involucra en ese descubrimiento del ser buscado a lo largo de estos poemas y capítulos: la mujer, en su identidad plena, liberándose de los fantasmas del presente y del pasado, para volver a «ser Lauren, nada más Lauren». Esta asunción de su condición de mujer y de poeta, ya no como un desdoblamiento o conflicto interior, nos conduce a un final catártico, en el que, libre de aquella sombra terrestre, el ser poético alcanza de nuevo el paraíso. Esta vez no se trata del paraíso perdido de la infancia, sino de aquel en el que la poeta encuentra la verdad de la poesía, esa que, de Dante a Rilke, busca responder a nuestros interrogantes.

Para mis amigos de la calle Felicidad, en Barranquilla,
Mauricio, Milena, Ariel y José Gabriel,
por la infancia compartida

Para mis hermanos, Liliana, Jesús David
y Víctor Alfonso, por la misma razón

Del tiempo, un paso

Hace años, tantos que da hasta miedo recordar,
en un lugar que quedó tan lejos de mi geografía actual
y que antes fue el aquí, ahora, ¿hasta siempre?
Allí donde duermen los sueños inconclusos y el aullido del lobo malo,
donde bellas caperucitas se levantan las faldas de satín
y ogros desvelados leen poemas a sus amores medievales;
en esa tierra imposible hoy, real y conocida antaño,
donde voces que fueron familiares suenan inauditas.
Tan duras como la piedra tan verdes como las enredaderas hablaron
        esas voces,
voces que se agitaban en un pozo vaciado de tiempo y sin palabras.
Y en igual medida los dones y las promesas de los dones
me fueron concedidos por entonces
en el tiempo sin tiempo de la infancia cumplida.
Después fue la vida y su despilfarro.
Heme aquí, sin dádivas para mostrar, sin gracias para compartir.
¿Quién alejó de mí aquellos dones que me pertenecían?
¿Por qué se fueron contra mi voluntad hasta el nunca-jamás?
¿O fui yo misma la que huyó a espaldas de un sátiro mentiroso,
y las promesas traicionadas se exiliaron en una esquina recóndita?
Me pregunto si no seré una fugitiva de mis propios dones,
si este deseo de nada no será el principio de otro nacimiento.

Deseo de nada

con un poco de suerte
está lejos de aquí
pero cerca de aquí
el corazón
ávido de nada.

MARÍA NEGRONI

Deseo de nada

Todavía es temprano.
Mil noches han caído sobre la tierra,
y otras mil cayeron antes,
pero aún no es tarde.
El viento arropa con tanta fuerza la casa
que se diría una madre enloquecida de amor.
Pero el viento no puede amar.
Tengo miedo.
El mar no está lejos de aquí,
y yo soy esa misma arena sobre la que caen
furiosas, incontenibles y enajenadas, las olas.
Más allá, en el centro mismo de la tormenta,
mi ojo busca las razones de tanta rabia.
Tengo ganas de azotar a la noche
hasta verla sangrar.
Deseo hasta el infinito
poseer algo que jamás se entregue.

Los gritos adultos

Para Silvia Favaretto

Acontece que a veces es necesario recurrir al grito,
el alma se angustia y viene el cuerpo en su auxilio.
El cuerpo vaciado de palabras,
lleno de miedo,
ahíto de lamentaciones,
terminará por gritar.
Rara vez el grito de un cuerpo es oído por otro cuerpo
(por eso aprendemos a gritar hacia dentro,
atesoramos nuestra desesperación,
renunciamos a gritar como niños perdidos,
crecemos).
Los hospitales están repletos de gritos mudos
y los llamamos cáncer o artritis o depresión,
uno y mil nombres asustadores
y a veces definitivos.
Un cuerpo que grita sólo desea ser escuchado por otro cuerpo.
Cada uno con su necesidad del otro porque el yo no basta.
No tiene por qué bastar.
Pretendo gritar, gritar hasta perder la voz.

Volver a ser pequeña,

ir hacia atrás,

hasta los tiempos en los que sólo podía expresarme con llanto

y a nadie asombraban mis bramidos absurdos.

Ambiciono incluso ir más allá en el tiempo

hasta regresar a la edad definitiva y segura de la nada.

Reloj sin manecillas

Tengo el boleto para un viaje que promete el Jardín como destino,
la costumbre de rondar sobre cenizas para no olvidar el fuego
y la voz de mi madre que me arropó con rumor de palmas en la tarde.
Tengo también el compromiso de estar viva, de preservar lo intocable
para que el mundo siga siendo aquello que no soy.
Pero vivir en redondo como aguja de reloj termina por cansar.
Cuánta ironía: tener que envejecer para al fin recobrar la infancia,
tener que morir para que ya nadie pueda robármela.

La gran noticia

Estoy a la espera de una gran noticia.
Algo en mí me dice que esa buena nueva existe,
mi parte más racional lo niega,
me asegura que espero en vano.
Entonces ese algo se revela,
le parece una tontería del intelecto
renunciar a la espera,
me pide paciencia y me llena de esperanzas.
Mi parte más racional me recuerda mi buena salud,
la salud de los que amo, los privilegios que gozo,
¿qué otra noticia tendría que esperar? Todo marcha bien.
Algo en mí, en cambio, sabe que si renuncio no viviré en paz:
necesito creer que alguna vez recibiré una Gran Noticia.
Si lo pienso bien, con la mente y el corazón,
sé que mi felicidad depende de una espera inútil.

El jardín como destino

En los umbrales del jardín te espera la más hermosa nada.
No encontrarás al gran ángel negro de alas encendidas
ni saldrá a recibirte el viejo barbón que custodia la casa.
Ahí has de encontrarte con el gran desconocido que fuiste,
con aquel obscuro murmullo que aterrorizó tu niñez,
el mismo canto de sordos que cargaste la vida entera.
No encontrarás girasoles que se inclinen a occidente,
ni azaleas encarnadas que escapen al alba.
Atrás habrán quedado los árboles del Paraíso
con sus ramas desfloradas
erguidas al cielo con orgullosa inocencia
y conocerás la vergüenza de haberte avergonzado un día de tu
    desnudez.
Si alguna vez llegas a los confines del jardín,
ahí donde todo lo ha quemado el cielo,
donde la materia cumple su único destino,
sabrás que tu vida ha sido como un poema atravesado de
    tormentos
pero insensible a sus propias palabras.
Y te preguntarás cómo has podido no entender
que tu anhelo de vivir eternamente,
tu miedo animal a la soledad,

no tenía el poder de construir otros mundos.

El jardín es uno solo y a él vas y vuelves sin percatarte.

Y como el alma no siente, sólo sabe,

te sorprenderás al saber que la nada posee tu propio rostro.

El espacio en su jardín

Para José Manuel Fajardo

Lo visible y lo invisible
están en eterna contradicción,
y esta lucha tiene por fuerza
el poder de matarme lentamente.
El triunfo de lo invisible
carece de espectáculo,
mientras incluso en la derrota
lo visible gana en notoriedad.
Si la brevedad es signo de la vida humana,
el tiempo es asunto mío,
también.

El árbol de oro

Para Francisco Torrecillas

El árbol de oro transforma la apariencia del paisaje.
Lo que nosotros llamamos naturaleza está ahí,
pero la vida del árbol le trajo un relieve,
una claridad que antes no tenía.
Crecen en sus ramas resplandores sin sol,
y sus altas luces obligan a mirar hacia arriba,
hacia la amplitud del cielo,
que él, con la delicadeza de sus hojas, resalta.
Su firme presencia
hace visible el espacio invisible del aire.

Y la roca gritó, otra vez

Para Jorge Galán

El mundo habla en lengua extranjera,
al tiempo que en él la voluntad se cumple
portadora de exilio y soledad.

Creo en los signos secretos,
en las llamadas sin responder
y en ciertos árboles abandonados
en la orilla equivocada de los caminos.

Si se desnudara lo original,
se reflejaría en la superficie de la tierra
y no en la cara teatral de lo humano,
estoy segura.

En medio de tanto ruido,
el grito ignorado de la roca
dice lo que otra vez preferimos no entender:
si esto es vivir, la muerte es un jardín florido.

Ars memorativa

Hay un tiempo interior y en él un monte elevado.
Existe en el monte un tigre y su medida de oro.
Tres damas hay, vigilantes del felino.
La primera recuerda lo que la segunda entiende
y la tercera codicia.
La segunda entiende lo que la primera recuerda
y la tercera codicia.
La tercera codicia lo que la primera recuerda
y la segunda entiende.
Pequeña suma de la memoria entera.

La felicidad

La felicidad, como tantas otras cosas,
depende de los reflujos de la mente.
Pero ese vaivén de la memoria lo gobierna el azar,
y por fatalidad he vivido dando rodeos,
acercándome quizás, sin alcanzar lo memorable,
una y otra vez cayendo en lo peor de lo vivido.
¿Acaso la felicidad está en lo más próximo,
en lo que no es memoria sino llana realidad?
Si es así no hay esperanza,
pues para llegar a lo más cercano
hay que transitar por el camino más largo,
que dicho sea de paso, es el más difícil.
La felicidad, como un legítimo tesoro,
espera en el fondo
de los ríos más caudalosos de la memoria.
Sólo en esos acuosos mantos existe con pureza.
Aunque en tierras cotidianas contemos con réplicas exactas
dispuestas en vitrinas a precios caprichosos.
Si alguno codicia las auténticas joyas,
tiene que sumergirse en innumerables aguas,
sortear atroces peligros, arriesgarse.

Pero que entienda de antemano
que los tesoros verdaderos no son hallazgos de la voluntad.
Yo prefiero abandonarme al azar,
tal vez un día aparezca ahogada en buenas aguas.

La vida puede no estar aquí

El ser humano ha sido desterrado del refugio seguro de la infancia, por eso quiere entrar en el mundo, pero, al mismo tiempo, le teme, entonces crea con sus versos uno artificial, supletorio.

MILAN KUNDERA

El Regreso

Mi madre a los treinta
era una joven de ojos grandes,
agobiados,
cargados de urgencias que yo no comprendía.
Entonces nada me asustaba tanto
como la posible tiniebla de su abandono.
Por eso iba tras ella a todos lados,
como un bicho perseguía su luz.
El pueblo,
su campanario y las solteronas arcaicas,
danzarinas de las hogueras de San Juan,
nos parecían tan tristes
que ansiábamos irnos a otra parte.
Claro que todo estaba dispuesto
para obligarnos a permanecer allí.
Por eso mamá
leía para mí historias de otros mundos,
de ciudades lejanas pobladas de héroes y villanos
o de animales que hablaban en nombre de la virtud y el vicio.
Pero cuando llegaba la hora de la cena,
ella volvía resignada a la cocina para preparar la mesa,
dejándome casi siempre con el libro en las manos.

Cómo podía saber ella,
pobrecita mamá,
que regresar de aquellos mundos
a mí me llevaría una vida.

Pandora

Esperanza esa cosa con plumas—
que se posa en el alma—
y canta una melodía sin palabras—
y nunca se detiene —totalmente—

EMILY DICKINSON

Hoy que todo parece escaso,
y los motivos para seguir se elevan
como una nube de moscas,
me siento a la mesa junto al papel,
los lápices,
las tijeras,
el ordenador.
Y las manos,
flores recién cortadas,
altivas en un jarrón,
son incapaces de no decorar,
sólo decorar pueden,
qué más que decorar.
En el paso hacia lo irremediable
el lodo de mis errores me sepulta.

Sé que hasta el color resiste rebelde bajo tierra,
pero no la luz.
¿Y si ahora mismo
después de cavar el foso
me clavo las tijeras?
Me atrae este rayo de luz
que resbala seductor sobre el filo de sus hojas.
En la mesa
el papel, los lápices, el ordenador,
y un poema que antes no existía.
Los motivos siguen elevándose
como una nube de moscas,
pero algo ha cambiado:
otra cosa con alas,
no mucho más grande que un insecto,
desciende a mi alma.

Hay sólo un tiempo

¿Hoy que vives entre cosas cotidianas
te olvidas de aquella época ilustre
cuando a tus pies tuviste la poesía?,
me pregunta desde un poema Raúl Gómez Jattin.
Asustada yo no me detengo a contestar.
Dice el Evangelio que allí donde está el tesoro
reposa el corazón.
¿Será por eso que quien soy
no concuerda con lo que Soy?
Decidirme por lo que no me agrada.
Pensar en el futuro como si creyera en él.
Temeridad.
Hay sólo un tiempo para ser,
para hacer. Hacerse. Hágame. *Hágase en mí.*
Ya no me hago. No puedo hacerme.
Me dejo hacer por lo cotidiano.
Me harta el final del día
y no hay esperanza que me ilusione más allá del lunes.
Me siento como una enamorada
que persigue a su compañera infiel, la poesía,
de antro en antro,
buscando la ocasión de darle una bofetada

para regresar con ella a casa y lamerle los pies.
Aunque sé que la verdad es otra
porque en realidad nunca salgo a buscarla,
soy la infiel,
la amante egoísta y ególatra
que se deja manosear en los bares.
Tengo que reconocerlo aunque me avergüence:
en mí se ha perdido lo más valioso del recuerdo
y no sé si tendré fuerzas para salir a encontrarlo.

El poder de los no nacidos

Cero, matriz de lo posible.
JOSÉ ÁNGEL VALENTE

Por años fuiste inocente,
no sabías que la posibilidad de un cero te anularía,
te haría perfecta y maldita.
Alargando el uso de artificios
postergabas la decisión.
Debías decidirte alguna vez,
aunque estuvieras sola llegado el momento,
debías decidir.
Y así un día te encontraste en la edad de ser natural,
la amenaza del ahora, o pronto será tarde.
La criatura como el ahogado se elevó hasta tus ojos,
y esa visión enterneció el miedo.
Podías decidir y decidiste:
en adelante serías sólo tú.
Excluiste el cero que no te multiplicaría.
¿Cómo podías coserte una nada al vientre,
una o, una oquedad, un vacío?
A esa pregunta te abrazaste
para seguir sola lo que duraran los años.

Ahora que tu decisión es la misma del tiempo,
sientes que lo que no vivió
se negó para siempre a abandonarte.
Entiendes al fin que lo otro decidió por ti.
Nada podía librarte del yugo de lo posible.

Muerte civil de la poeta

Para Gisela Mejía

El amor, dijo la poeta, es toda la vida para mí.
Y así abandonó la escritura,
renunciando a lo suyo como lo haría una camarera.
Creyó que hacía falta ser otra para que la amaran.
Por la noche tomaba un somnífero para dormir bien
como cuando la poesía era toda su vida.
Por el día se ocultaba para que nadie la viera escribiendo sobre la otra
(especialmente para no verse a sí misma traicionando su renuncia).
Aunque le avergonzaba, ella seguía en su oscura tarea
porque al escribir sobre la vida de la otra
podía intercambiar las exigencias cotidianas por las del amor.
Después se divorció, y con el divorcio fue su muerte civil
y la lenta resurrección de su alma.

Interior veraniego (1909)

Cuando la realidad me repite en un cuadro de Edward Hopper
—una mujer ensimismada, un poco curva,
la insípida decoración del cuarto
y los brazos lánguidos del desaliento rodeándome—,
en mí se despliega un catálogo de paisajes abandonados,
puertas canceles que chirrían con el viento de la tarde
y un recuerdo cierto aunque no vivido.
En esos paisajes que la habitación no puede evocar pero despierta,
me repito, me repito.
El arte alcanza la inteligencia necesaria del misterio.

Todavía sentada en el suelo
—las piernas recogidas, un brazo encima de la cama,
la cabeza abandonada sobre el pecho—,
busco motivos para la alegría
hasta llegar resignada y seca al confín de mi esperanza.
El silencio ya no es posible para mí en esta vida.
Mi propio ruido acompañando todos los sonidos. ¿Será un castigo
o tiene algo que decirme esta presencia discordante?
El ojo del pensamiento me lleva otra vez al cuadro de Hopper,
donde vuelvo a existir absorta e indefensa
en las pinceladas del presente.

Yo misma hace años

¿Qué es eso que la estremece?
No el viento sino la caricia del viento,
no el cuerpo sino la contundencia del cuerpo,
no el campo sino la multitud de verdes,
no el ramillete de jazmines que lleva en la mano
sino el olor que se le va quedando en el alma.
Ella —la misma que yo fui a los trece—,
ha llevado a pasear su desconcierto a los naranjales.
Ahí puedo verla todavía, descorazonada
por un motivo que me es imposible recordar:
la memoria, madre exageradamente protectora,
oculta lo que no debería.
La chiquilla huye, corre entre los naranjos.
Aunque nada ni nadie la persigue, huye.
Después la veo en mi recuerdo tropezar y caer,
las rodillas volviendo tangible el dolor.
Entonces comprendo por qué sufre,
por qué he sufrido tanto a lo largo de los años:
somos un par de ciegas que ven demasiado.

Para mi abuelo Antonio, veintitrés años después (2011)

Esta es la razón por la que procuro con el lenguaje la belleza.

Tú no moriste, a ti te mataron.

Para recibir un tiro en la aorta viniste a la Tierra.

Abuelo, tú que en vida fuiste fuerte y autoritario,

llegado el momento supiste cumplir tu destino de víctima.

Los periódicos apenas te mencionaron.

Para ellos no eras importante, tu muerte carecía de originalidad.

Un hombre que recibe un disparo destinado a otro.

Uno más en aquella avalancha de muertos inútiles.

Tu funeral fue concurrido pero nadie pronunció un discurso.

Al cementerio íbamos a visitarte con frecuencia,

mi abuela siempre atenta a tus necesidades de muerto reciente,

jardinero, oraciones y suspiros para su amado difunto.

Sobre tu cuerpo crecía hierba verde y recortada:

«como la mejor alfombra», decía el jardinero.

No faltaban rosas frescas en los jarrones.

Junto a ti crecía un almendro. Los adultos aprovechaban su sombra

mientras tus nietos correteábamos entre sepulturas ajenas.

Recuerdo que lo que más me sobrecogía en el cementerio

era el abandono de la mayoría de las tumbas,

y en secreto juzgaba que eran muertos a los que nadie amaba.

Con los años se espaciaron las visitas:
ocupaciones, nacimientos y nuevas muertes te fueron dejando atrás.
Recuerdo que las últimas veces tu túmulo había cambiado.
Una hierba desaliñada y amarillenta
crecía sobre ti; y en lugar de rosas frescas,
un par de claveles de plástico adornaban tus jarrones.
Nadie pagaba jardinero.
Como la mayoría de los muertos
estabas a tu suerte.
Empecé a entender la naturaleza del amor
cuando comprendí que finalmente te habíamos dejado solo,
solo en tu túmulo de lápida de mármol tallada a mano,
solo en tu desaliñado jardín,
solo bajo el incendiario sol del Caribe,
solo como sólo los muertos amados pueden terminar.
Hoy que tengo deseos de volver a visitarte
reconozco con pesar que la mala memoria se tragó tu tumba.
Te sepulté en mi propio corazón.
¿Cómo saber si hice bien o mal?
Esa es la razón por la que procuro con el lenguaje la belleza.
Creo.

El Danubio

A mi padre y su Danubio, la finca de mis abuelos

Lo que pacientes elaboraron los años
no tiene título ahora,
sólo un olor y un sonido lo distingue
del tumulto de lo real y lo notable.
El Danubio que yo conozco
no lo frecuenta el mundo;
es el escenario de los últimos vasos de leche
que tomé gustosa de las ubres;
la cama junto a la cama de mis abuelos paternos,
que anhelaron encaminar su hacienda, y así fue,
tuvieron once hijos
y sembraron tres de ellos en sus jardines.
En El Danubio pude ver el universo,
y me atemorizó la imagen del infinito;
aquella aparición del vacío
que amenazaba con tragarse el mundo.
Todo lo que yo conocí en mis primeros años,
fiel a lo anunciado por mis visiones, desapareció.
Ahora, cumplido el presagio, perdida la niñez,
los amigos tempranos, la casa en que nací,

perdida la calle Felicidad para habitarla,
me siguen quedando El Danubio y su jazmín,
el naranjal, unos corrales,
y un paisaje que se pierde
en el temor de perderse otra vez,
otra vez, en lo definitivo.

Estuario

El agua sube.
La ballena vuelve un costado a este mundo.
Me interesa la parte suya que no veo,
la piel que ondula cual sombra y escapa.
Me interesa
lo que no pertenece a lo visible,
rayo de luz que persigo en el fondo.
Llueve,
la mente se desborda.
Me interesa esa parte de mí invisible,
la que quizás sin saber me representa,
esa que no ven los otros cuando aparezco.
¿Llegaré a una edad en la que seré
indiferente al tiempo?
¿Si perdurara en el tiempo, huiría?
¿Realmente existo
o porque no existo
busco esa otra parte y emerjo?
Llueve.
Llueve sobre la ballena pensada.

(La Habana, marzo de 2005)

Si fuera posible, el amor

Heme aquí suspirando
como el que ama y se acuerda y está lejos.

Rosario Castellanos

Si fuera posible

Quiero una página en blanco para escribirte un poema de amor,
un espacio limpio en el que el pasado no haya puesto su mano.
Para escribirlo necesitaré toda la mala memoria de la que dispongo,
y la mirada sesgada que te dediqué la primera vez que te vi.
Será un poema soleado, lleno de pájaros
y con un árbol para que te recargues.
Se parecerá mucho a mis primeros versos,
tendrá la inocencia de las lecturas infantiles
y la insolencia de creerme poeta.
En él te nombraré con todas las palabras dulces que no usé antes
y seré capaz de llevarte en brazos.
En mi poema no habrá ayer ni mañana,
caminaremos en el espacio claro y manso del ahora.
Mejor si es en verso libre para que no sientas que quiero atraparte,
y mejor aún si entre sus líneas deseas que te atrape.
Hay un poema de amor que quiero escribir
para celebrar tu espléndida compañía,
un poema como mar, como bosque, como acantilado,
un poema isla única en el que jamás nos separamos.

Contigo yo conocí

Contigo yo conocí un teatro que parecía hecho para nosotros.
En él, dijiste, representarían alguna vez la historia de nuestro amor.
Era tan grande ese lugar que hasta el final no supe por dónde se salía,
o cómo era que habíamos entrado.
Una chica morena acomodaba,
recogía los boletos y los agujereaba con un artilugio metálico.
Parecía tan triste esa muchacha,
nunca nos miró a la cara,
nunca vino a sentarse a nuestro lado,
su rostro me recordaba las campanas de San Roque
y también las de San Nicolás.
Así de triste se veía esa chica, ella que se llamaba Esperanza.
Era hermoso ese teatro que tú me enseñaste,
con todas aquellas sillas vacías
y el escenario sólo para los dos. De allí yo no quería salir jamás.
Pero como todo lo bueno llega alguna vez a su fin,
un día tuvimos que irnos para cumplir el destino.
La acomodadora parecía contenta por nuestra partida.
Movía los labios como intentando sonreír, o quizás musitando alguna
        frase.
Imposible saber lo que significaban sus muecas,
a esa chica le gustaban los misterios.

Desde entonces estamos de vuelta en el mundo.
Ya no hay Esperanza, ni sillas vacías, ni gran escenario,
hay mucho tráfico, estaciones de metro que estallan,
un trabajo con horarios, y a pesar de todo aún te amo.

Balada pop

I

¡¿Qué cuántos poemas de amor soy capaz de escribirte?!
Mírate al espejo, amor, tú eres la medida de mis versos.
Un pájaro sobre el árbol visto tan azul se ve, tan sosegado.
Tú no eres un pájaro, amor, pero podrías volar.
¿Te atreverías a preguntar una vez más? Tú eres mi medida, amor.

(Coro)

Si puedes imaginar un mundo sin autobuses es que no me quieres.
Hay demasiados aviones en el cielo, pocos barcos de papel.
Yo te ofrezco lo más escaso, amor, barcos de papel.

II

Una vez en Brasil me llevaste hasta un barranco,
querías que reconociera una calle con nombre de escritor.
Qué confundida me dejaste, amor, yo quería volar.
No reconocía nada, yo quería volar sobre el barranco.
¿Te atreverías a preguntar una vez más? Tú eres mi medida, amor

(Coro)

Querido Óscar, he aquí el verdadero enamorado

Es el verano.
El ruiseñor gimotea en la tarde y su vuelo milagroso
atraviesa la luz como una espina.
Sí, es verano y pronto no habrá canto,
ni tiempo, ni recuerdo, ni gemido.
A lo lejos las acacias bailarán con lentitud la música que el río
          les ofrece,
y la tarde terminará por tragarse la luz. Abajo,
junto a la ventana de mi cocina, el ruiseñor,
el único que conoce mi nombre desde siempre,
ese pájaro centenario e imposible que endulzó las noches de mi niñez,
ofrecerá su corazón para que yo pueda ver la rosa.
Ingenuo pájaro que escuchó los delirios de mi fiebre
en balde clavará su corazón en el rosal.
Sí, amo esta hora pasajera
y el rosal ensangrentado, pero florecido.
Sí, amo esta estación del tiempo que no pasa,
y el ruiseñor sacrificado en vano.
Inocente ruiseñor junto a la ventana de mi cocina.
¿Para qué sirve el amor?, le pregunto.
Mañana habrá una rosa, me dice,
en el jarrón vacío de hoy.

La libertad después

La vieja noche en las montañas junto al mar
y nosotros en el andén todavía somos jóvenes.
Con gesto poco entusiasta tú miras las vías del tren,
la palidez de tu rostro me recuerda las páginas de un libro
que alguna vez me acompañó en un viaje
y que ahora descansa en los entresijos de ya no sé qué estantería.

Cada uno lleva su pasaje en la mano
y tú volteas a mirarme porque esperas que te confirme lo que sabes:
el tren que esperamos llegará.

Inútil cielo, inútiles estrellas de todos los cielos,
bienamada luna que brillas sobre los trenes en lontananza,
aquí estoy yo.

Conozco esas montañas junto al mar
donde anidan la serpiente y el armadillo,

la forma siempre cambiante de mi vida
roída por los grandes problemas.

La infancia ya pasó, la juventud se está marchando,
impasibles los trenes silban en la distancia.

Pronto llegará el que esperamos y seremos libres,
me dices desatando dentro de mí la tristeza.

Tú, la estación desolada, el tren que no termina de llegar,
todo empieza a recordarme un pasado en otra parte.
Esta noche somos una afirmación de vida,
dos cuerpos que mueren orgullosos de estar vivos,
cada uno con un pasaje para después de los días,
para antes de los días sin retorno.

Inútil cielo, inútiles estrellas de todos los cielos,
bienamada luna que brillas sobre los trenes en lontananza,
aquí estoy yo.

Escucha cómo se acerca a lo lejos el tren,
cómo nos llega al oído su promesa metálica,
y estremécete conmigo porque en sus vagones podemos ir donde
        elegimos ir.

Déjame mirarte por última vez en esta noche olvidada del mundo
en la que dejo padre, madre, casa y jardín.
He decidido abandonarlo todo sin mirar atrás y sin lágrimas.
No sé por qué siento que sólo yo saltaré en el momento justo.

Sigues aquí junto a mí y todavía somos jóvenes,
cada uno con su pasado alto e inaccesible como torre de reloj de aldea.
¿Saltarás de esa torre a tiempo o dejarás la libertad para después?

No habrá sido por miedo a la tempestad

Imagina una montaña
por el día.
Una elevación de tierra enorme cubierta de hierba verde.
¿Puedes verla?
La hierba ondula, resplandece, silba.
Liebres y conejos asoman las orejas aquí y allá,
y si miras con detenimiento, algunas flores tiemblan.
¿Qué ves si te pido que imagines una montaña a plena luz?

Ahora imagina la misma montaña
por la noche.
La tierra se eleva escabrosa y en la cima hay rocas,
grandes rocas que amenazan con caer,
o que al menos simulan que podrían caer.
El cielo está oscuro, sin luna,
relámpagos y truenos iluminan aquí y allá.
¿Qué ves si te pido que imagines una montaña en el principio de la
        tormenta?

Soy yo la que desde la cima de esa montaña te mira.
Es domingo, la montaña a plena luz, en fiesta.
Estás a unos pocos metros de mí,

si quisieras podrías mirarme a los ojos.
Pero si estando en la cima nos alcanza la borrasca,
desde esta cumbre atormentada por la lluvia yo no te miraré.
Si tú no me miras no será por miedo a la tempestad:
con ese aire entre patético y aterrado
me pareceré demasiado a la mujer que no quiero ser.

Vistas sobre el Tajo

Otra vez vuelvo a verte —Lisboa y Tajo y todo—
transeúnte inútil de ti y de mí,
extranjero aquí como en cualquier otra parte.

ÁLVARO DE CAMPOS

1

Una mañana cualquiera
miras por la ventana
y te parece que el Mundo sigue allí,
pero volviendo a reparar lo notas:
la gaviota,
esa que por ti volaba sobre el Tajo,
ya no está,
sientes que ha muerto.
Así de simple la vida.
Es hora de vestirse para volver a empezar,
otra vez condenado a tierra.

2

A media mañana
la calzada de adoquines
centellea a un sol valiente,
ávido.
Tú caminas en el fulgor,
un poco aturdido,
un poco feliz
del verano.
Una muchacha monda naranjas para su hijo,
el hombre que duerme en la acera te sonríe,
la guacamaya del vecino
hace una fiesta de jardín en su balcón.
Entonces te preguntas
si podrías soportar una vida distinta,
si tendrías la paciencia necesaria
para ser una guacamaya enjaulada.
Sigues caminando.
Silbas.

3

Mientras tomas un café,
lees el periódico.
Por momentos lo humano se borra de la Historia,
vencen las bestias,
los insensatos fortalecen su reino mortecino.
Piensas en la humanidad con una fe sin nostalgia,
fe que no consuela,
que sientes sin promesas de justicia.
La santidad no es lo tuyo,
nunca supiste ser víctima sin tacha.

4

Se acerca a ti el mediodía.
Lisboa espejea sobre siete colinas
y el Mar da Palha luce apacible como un lago.
Tanta distancia hay entre una margen y otra
que casi te cuesta aceptar que el Tajo es río.
Es hora de ir a casa. Nadie te espera.
Prepararás para ti mismo un almuerzo ligero,
después dormirás la siesta
y por un momento
te quitarás el disfraz que te tocó en el reparto.
Cuando al despertar te asomes a la terraza
serás tú mismo,
un hombre frágil, poco dispuesto al heroísmo,
el rostro purísimo del vacío anhelando una máscara.
El Tajo será lo que es:
tan sólo un río.

5

Eres el extranjero, el apátrida,
el que nació en el mundo y morirá en Lisboa.
Eso has dicho.
Por eso cuando escuchas la jubilosa melodía
que da las seis en el campanario de San Roque
tu alma vuela hasta las campanas de San Nicolás,
hasta aquel templo del Caribe que levanta sus torres
a un cielo que tú mismo te has negado.
Entonces quisieras morir,
juntar el que fuiste con el que serás.
Pero no lo haces,
no te mueres.
Aunque podrías hacerlo,
no te mueres.

6

Porque los otros temen al tiempo
y tú no.
Porque los otros son árboles caídos
donde revienta el silencio y la podredumbre
y tú no,
por eso y por nada,
viniste a vivir en esta ciudad.
Lisboa abrevadero y gran estuario
donde nada se repite, excepto el todo.
Lisboa cárcel,
cerrada y abierta al mar.
Ciudad de belleza monótona,
la que tú elegiste.
Tabaquería tan frágil como el mundo
y todavía más. Lisboa.
Por eso y por nada,
viniste a vivir en esta ciudad.

7

El sol se lanza sobre un conjunto de edificios,
como si quisiera que miraras hacia ellos.
Estás sentada en la mesa de un café,
custodiado por cristales, aislado y visible.
El sol del final de la tarde tiene la vehemencia de un político,
la desenvoltura de los acostumbrados a mentir.
Te parece que es momento de tomar una foto.
Pagas la cuenta y sales al espacio abierto del bulevar.
Quieres capturar el brillo de esos edificios con el Tajo al fondo,
una insinuación de río allá a la derecha.
La imagen es prometedora, preparas tu cámara,
el dedo listo a disparar,
pero te detienes.
Una lente no aprisionará lo que ven tus ojos.
¿De qué te servirá una fotografía
si lo que ves es de una belleza innecesaria?
Mejor sería que dejaras de mirar,
hay siempre peligro en la belleza.
Pero ya es tarde,
sientes que ella ha preñado tu vida.
No es momento de huir,
podrías dar a luz allí mismo,

al principio de la noche,
en Lisboa.

Encallar en el Egeo

Aquí donde se oyen profundos los pasos del tiempo
Donde se abren grandes muros como estandartes de oro
Por encima de las márgenes del cielo
Dime desde dónde empezó la eternidad
Dime cuál es la cicatriz que te lacera
Y cuál el destino del gusano.

ODISSEAS ELYTIS

Encallar en el Egeo

Vi mi rostro reflejado en las aguas del Egeo.
Cada rasgo con su trazo único, apenas mío,
la imagen de una exactitud inquietante.
Esos eran por fin mis ojos. Mi boca. Mi nariz.
Mis pómulos. La inclinación exacta de mi barbilla.
Así estuve atenta días y noches:
deseosa de que el reflejo intentara hablarme.
Desde entonces no importa a dónde vaya,
en ese mar me quedé yo, temblando entre rocas y olas:
muda, idéntica a la felicidad que nunca tuve.

Sin entender nada

La tarde se agotaba en Rodas,
abril, como toda promesa cumplida, perdía interés
y yo vi correr tus lágrimas hasta el mar.
Sin entender nada
ni tu melancolía ni la migración de las aves
ni el silbido de los barcos ni el rostro envejecido de los capitanes,
cerré los ojos.
Al volver a abrirlos, no sé si yo era distinta
o si el puerto había cambiado
pero los barcos anclados embellecieron con la noche.
Tú que mirabas hacia las colinas
no viste mis lágrimas encendiendo las primeras lámparas.

Recuerdos de un pasado nada remoto

En el Egeo las islas relucen como escupitajos de dioses,
y al caer la noche
chapotean como tortugas jubilosas en su Paraíso.
Toda la mala memoria no alcanzaría
para desvanecer las imágenes de aquellas islas deshabitadas
en las que sólo nosotros parecíamos interesarnos.
Así ocurrió aquel abril:
en Rodas festejamos mi cumpleaños
y yo sentía que el cuerpo me quedaba estrecho
para mis treinta años de vida.
¿Recuerdas?
En el Egeo el tiempo muere despacio
y la poesía como una virgen nos visitaba en su caballito de mar.

Ánfora griega

A simple vista un jarrón cualquiera,
algo estropeado, una oreja quebrada,
modelado con delicadeza antigua y ática.
Pero las escuetas cenizas
que ese trozo de arcilla contiene
alguna vez fueron hombre o mujer,
cuerpo que mereció el sutil artificio
de volver al barro.
Ánfora fúnebre
decorada con motivos ecuestres,
perfecta metáfora del amor:
dos caballos enfrentados,
crin contra crin, en ella lloran.

Visita turística

Estoy en medio de una acrópolis nunca visitada.
Aquí, señores y señoras, en Atenas,
existió cuanto la humanidad creyó posible:
la civilización, decrépita hoy, pavoneándose
más espléndida que ninguna antaño.
Me estremece saber que fue diseñada noble,
astuta como Cécrope,
útil para el culto y propicia para el cuerpo
de los graciosos adolescentes griegos.
Todo esto fue antes de que yo caminara entre sus ruinas.
Me sobrecoge lo que en la Acrópolis ya no es,
y me siento aún más pequeña,
perdida en mi insuperable condición humana.
Me conmueve la armonía de sus formas,
me intimida la grandeza de sus espacios,
pero lo que más me asusta es la Historia
que como un niño la derribó a patadas.

Sueño con Sorba en Lindos

En mi sueño te recuestas a dormir
y un asno se interpone
antes de que mi mano se rompa en bofetada
sobre tu mejilla peluda.
De allí que en adelante
deba asumir sobre mi sueño una mirada zoológica
con lo cual, muy a mi pesar, se eleva de lo humano.
Tú, griego orgulloso,
tumbado tras el asno,
ignoras mis intenciones
y la intervención redentora del animal.
No deja de sorprenderme
el desparpajo con que duermes a la sombra de un árbol
mientras se confunde mi sueño con el tuyo.
De pronto me dan ganas de despertarte
y acariciar al asno.

Una lección de sensatez

Aquella primavera griega yo fui Europa sin toro,
tiniebla que puso claridad sobre el propio día.
En mis interminables caminatas por la playa
te vi pasar una y otra vez en el lomo de los delfines,
y más que Europa deseé ser Tritón
para ofrecerte una cena en los palacios de mi padre
o grabar con mi tridente en los corales
el pacto de nuestro recién nacido amor.
Yo pedía una semana más en el paraíso marino
mientras tú anhelabas eternizar la primavera.
Al final fue cierto para los dos aquello que dijo Quilón de Esparta:
«No desees lo imposible».
En medio de aquella dicha injustificada,
cómo podíamos ser nosotros los sensatos.

Una ventana al Egeo

Me asomo a la ventana
que dejó entreabierta el poema.
Es triste mirar hacia atrás
y sentir sobre los hombros
el peso de lo irrepetible.
No volveré a cumplir treinta
en la isla griega de roca desnuda,
ni volveré a «Nunca en domingo»
aquella tarde de abril
en la que me cegaba
la rara avis de la luz egea.
La ventana terminará por clausurarse
y los días inolvidables de mi vida
quedarán otra vez
del lado que me excluye.

Estantigua

*Cubre la memoria de tu cara con la máscara de la que serás
y asusta a la niña que fuiste.*

ALEJANDRA PIZARNIK

Estantigua. (Contracción de *huest antigua*). 1. f. Procesión de fantasmas, o fantasma que se ofrece a la vista por la noche, causando pavor y espanto. 2. f. coloq. Persona muy alta y seca, mal vestida.
Diccionario de la Real Academia de la Lengua.

1

Nadie lloró por ti, Lauren pequeña, ojitos infernales,
destinito corrupto, inocente bestezuela. Te burlas de mí,
próxima a la muerte me sabes y abres los brazos
para recibirme en tu reino despreciable.
Pero no estoy dispuesta a ir a tu encuentro maligna caperucita.
Sé retirarme con mi hacha por los corredores de la locura.
Cuando llegan las sombras encuentro asilo en mi huida perpetua de
  estantigua.
Cada noche sacudo el aire, sacudo el aire al pasar
y al volver el día me agazapo en las tinieblas de un bosque de casas.
Por él voy de estancia en estancia,
murmurando mis versos para el que tenga oído,
y más fuerte recito para que me amen los sordos.
Así por los días, así por los refugios cotidianos y los colmillos del lobo.
Me alejaré de ti, pequeña ausente tan mía,
no verteré una sola lágrima por tus dientes caídos,
tus bien merecidos chichones o tus rodillitas raspadas.
Por las noches, cuando me convierto en llanto,
no hay recuerdo tuyo que no lacere mi carne.

2

El pasado va siempre por delante
marcando no el ritmo sino el tono de nuestra vida.
Por eso las caras repudiadas insisten en volver
para quedar fijas en mi temor de estar viva
aun en contra de la misma voluntad.
¿Cómo me he convertido en estantigua?
Cada noche sacudo el aire,
sacudo el aire al pasar con el grito pavoroso de mi existencia.
Presente en un tropel fantasmal,
ignoro a los que, no contentos con trancarme la puerta de día,
se cubren el rostro para no verme pasar de noche,
aunque bien saben que me escucharán correr por las calles.
Así me he formado, de procesiones absurdas
y bofetadas que no pude devolver a tiempo.
¿A dónde te fuiste? Te necesité más que nunca
cuando dejaste de ser niña para convertirte en la que soy.
Lugares, conciencias, corazones y afectos,
todo lo abandonaste de golpe. Ahora te ríes de mí,
te das el lujo de recordarme quién era
desde tu espantoso refugio insalvable.

3

Aquellos que durante el día pretenden ignorarme,
en la oscuridad esconden la cara
y tiemblan porque saben cuánto puedo perturbar su sueño.
Tiemblan porque no quieren recordar que en parte están muertos.
Y es que ya han visto morir tantas veces y están fatigados
y no quieren morirse y se preguntan cómo callar a la estantigua,
cómo torcer la ruta de su tropel irritante.
Pero lo que ellos desean sólo tú puedes lograrlo, Lauren pequeña.
Tú, incómoda inquilina de mi espíritu.
Tú, pequeña manipuladora de la calle Felicidad.
Tú, que no me temes porque eres más fuerte y estás más allá de lo vivo,
eres la única que asoma sin miedo al escuchar mi algarabía,
y cada noche agitas para mí
la blancura frenética de tu manita helada.

4

Sólo fue tuyo el privilegio de una vida única.
A mí me tocaron en suerte las rupturas, el desasosiego, los desvelos.
Lo que me ha fracturado no puedo expresarlo con palabras altas,
por eso vengo al papel en busca de palabras enanas.
Cada noche sacudo el aire, sacudo el aire al pasar
y mi canto no es armónico, ni distrae ni trae alivio,
es el canto que entonan los enanos gigantes de tu pesadilla infantil.

5

Rosa, no, demasiada espina. Margarita, imposible, demasiado abierta.
Diente de león, sí, porque creces junto a los caminos
y en medio de los pastos secos.
Diente de león, sí, achicoria amarga, pixallits, meadora de camas.
Cada noche sacudo el aire, sacudo el aire al pasar.
¿Por qué insistes en bordear mi vereda si te he repudiado?
¿No ves que quiero ser estantigua auténtica y tu presencia me estorba?
¿Por qué me dejaste si yo te idolatraba?
Nubecita amorfa, madeja de minotauro, piraña domesticada.
El puente se ha quebrado, no hay manera de regresar a ti,
sin embargo, no puedo evitar ir siempre hacia ti.
No hay destino que dependa de un corredor flotante.
Diente de león, orejitas de murciélago,
tan grande es la aflicción de mi derrota,
tan marcada mi vergüenza,
que suelo ser poeta de día y estantigua de noche
para que sólo tú comprendas las razones de mi llanto.

6

Mi morada, pobre refugio de fantasmas que nunca he visto,
porque yo, incansable estantigua, no estoy en casa a la hora del sueño.
¡Cuánta compañía, cuánta bestia y alimaña!
y sin embargo siempre tan sola.
Las casas mentales están habitadas por muertos que no podemos ver.
Es tu presencia la que imploro:
vuelve a encontrarme tú, Lauren pequeña, visítame en la claridad
      del día,
nunca más tarde. Recuerda mi ocupación nocturna:
cada noche sacudo el aire, sacudo el aire al pasar,
mientras recorro el mundo en tu búsqueda.
Y no es a caballo que salgo por ti, para encontrarte sólo cuento con
      mi alma.
Más lenta que un asno, más liviana que un asno, tan obtusa y tan
simple,
menos hermosa y más lastimada que un asno de carga, el alma mía.
Pero si prefieres regresar a casa en mi ausencia lo comprendo muy
      bien,
a veces me pasa que no quiero ni verme.
Entra, mi hogar es también tu siniestro refugio,
sirve café, parte el pastel que nunca hice,
conversa con los otros visitantes,

y no te vayas sin mirar tu reflejo en mi retrato.
Antes de clausurar para el mundo la puerta,
toma el regalo que puse para ti bajo la almohada
y desgarra tu corazón:
he muerto a un inocente gazapo
para regalarte el talismán de su blanquísima pata.
En tu presencia renace todo lo valioso y mío.

7

Soy yo quien te ha fallado, gusanito de seda,
tú nunca quisiste para mí una vida de estantigua o poeta,
en tus sueños mi porvenir era más aéreo, menos triste.
Pero heme aquí, absorta en mis tareas terrestres de sombra,
pregonando muerte en la palabra, tejiendo muerte en el grito.
Muriendo a todas horas y cumpliendo el destino que tú repudiaras.
¿Acaso no podías salvarte del abismo de mi alma?
Pedacito de diamante engastado en anillo de cobre.
Tú has sido mi veneno divino, con tu vida Él me castigó,
y sin embargo nada agradezco más que la ponzoña de tu existencia.
Nada soy sin lo que eres, nada seré sin lo que fuiste,
nada era antes de ti.
Cada noche sacudo el aire,
sacudo el aire al pasar gritando tu nombre,
y tu nombre es Nostalgia,
tu nombre es Irrecuperable, tu nombre es Lauren.
Tu nombre está hecho de lágrimas
y su corriente eleva la inquietud de mi corazón.

8

No es por ti, ni por la casa abandonada de los padres,
que mi corazón se endureció y las grietas del tiempo
se volvieron de piedra en mi rostro apenas viejo.
Desde que me fui de tu lado,
desde que dejé aquella casa,
el mundo me recibió a bofetadas.
Han sido tantos y tan duros los golpes
que para sobrevivir he tenido que negarte.
Cada noche sacudo el aire, sacudo el aire al pasar
y tú me miras con lástima
porque no supe conservar la felicidad que de ti heredara
y son pocos los lugares en los que soy bienvenida.
¡Qué difícil ser mujer, poeta, estantigua!
¿Dónde está lo que vendrá cuando me traigas la muerte?
Si los perros feroces que te protegen cerraran sus hocicos sanguinarios,
correría hacia tu frente blanquísima,
tu frente palpitante y tibia como buche de paloma.
Pero entre tú y yo se interpusieron los emisarios del miedo,
caníbales de largos colmillos y colas mutiladas,
gobernadores de ciénagas insalvables.
¿Cómo encararlos si los he alimentado con mi carne,
si los he consentido hasta los huesos, si los he visto crecer,

si casi he llegado a amarlos?
El alma es la peor enemiga del cuerpo.

9

Porque alguna vez Dios tendrá que acordarse de mí,
alguna vez tendrá que oírme.
Un día me arrastraré por la casa para estrenar alas nuevas,
abriré el pico al infinito, hablaré con gorjeos,
y tú escucharás mi canto por tu presencia mutilada.
Ese día vendrás a cuidarme y me enseñarás todo lo que de ti olvidé.
Cuando mis alas sean fuertes, te subiré en mis hombros
y con el cuerpo entero y alado iluminaremos la luna.
Desde arriba te mostraré el mundo que en mi penar de estantigua me
                fascinó.
Y en pleno firmamento, mochuelos, murciélagos y buitres
te dirán cuánto te añoraba.
Llorarás conmigo porque comprenderás que no quería defraudarte,
que tenía que pagar con tu lejanía el alto precio de existir.
Ese día el alma libre de la gravedad del cuerpo,
de las paredes rugosas, de las puertas cerradas,
deshaciéndose, volverá a su principio,
y tú ya no tendrás que irte porque yo volveré a ser Lauren, nada más
Lauren,
y nunca habrá otra estantigua que sacuda el aire al pasar.

ÍNDICE